はじめに

はじめまして！フードデザイナー／料理家の中本千尋です。

このたびは、本を通してお目にかかれてうれしいです。
まずは、簡単に私の紹介をさせてください。

食いしん坊の幼少時代、大好物だったのは
母の作る「ひじきごはん」。
シングルで多忙だった母や家族の
笑顔が見たくて始めた料理でしたが、
そのうちにおいしいものを作るのが大好きになり、
キッチンに入り浸るように。
その頃の趣味といえば、スーパーの安値探索。

プロの料理の世界に初めて触れたのは、高校3年生の頃。
オーガニックフレンチレストランで修業しながら、
短大の調理師学科に通って学び、吸収する毎日。
卒業してからは、大手料理教室講師、
母校の調理師学科でのアシスタント講師を経て
26歳で独立し、カレー店、ケータリング、レッスンなど
"食"をあらゆる角度から経験しました。

現在は、飲食店のメニュープロデュース、商品企画、
フードコーディネート、
自身のプロダクトブランド「Dish(es)」の運営など、
食の時間を総合的にデザインしています。

気がつけば私も、もうすぐ40歳。
今年はドイツやフランスの
店舗プロデュースに携わる機会にも恵まれ、
日本だけでなく、世界に「日本の素晴らしい家庭料理」を
広げていきたい！とますますこの仕事への熱量は高まるばかり。

そんな折に作ることとなったこの本には、
おいしくなるコツはもちろんですが、
私が今まで経験し、学んできた
「お料理を魅せるテクニックやアイデア」を
ぎゅっと詰め込みました。

SNSなどで寄せられることの多い
『レシピどおりに作っても、おいしくできているか自信が持てない』
『お客さまによろこばれるお料理を作れるようになりたい』
というお悩みにこたえられるよう、
彩り、切り方、盛りつけ方、器の選び方など、
料理が"こなれる"重要なポイントをたくさん盛り込んでいます。

誰かの心をつかむひと皿が作れたら、きっと自分の自信になるはず。
この本が、皆さまのお料理への気持ちが
高まるきっかけとなりますように！

中本千尋

料理の楽しさを知った
4歳の頃

はじめに	2
ひと皿レシピがおいしくこなれる方程式	8
column 1　調理道具は少数精鋭で！	12

contents

くり返し作りたくなるとっておきレシピ　Part 1

定番のビーフステーキ	14
マッシュルームのオープンオムレツ	16
彩り野菜シュウマイ	18
中華風蒸し鶏	20
サクサク塩から揚げ	22
ささみのバジル春巻き	24
サルシッチャのフィンガートースト	26
えびの香草パン粉焼き	28
サーモンの南蛮漬け	30
エスニックひき肉炒め	32
column 2　器はシンプル、カトラリーはアクセントに	34

ささっとできるひと皿つまみ　Part 2

いちごとフルーツトマトのバルサミコマリネ	36
ししとうのナンプラーバターソテー	38
ぶりパッチョの柚子こしょうソース	40
ズッキーニとキウイのカルパッチョ	42
豆苗と和ハーブのサラダ	44
砂肝の簡単コンフィ	46
マッシュルームの生ハムグリル	48
ほたてと梨の梅バジルマリネ	49
鯛のセビーチェ	50
薄揚げとみょうがのマスタードぽん酢あえ	51
column 3　スパイスをそろえると料理は俄然楽しくなる！	52

Part 3　これさえ作っておけばラク！万能ソースとアレンジレシピ

ナンプラーヨーグルトソース　　　　　　　　　54
　・おめかしウフマヨ
　・じゃがいもとサルシッチャのパセリ炒め
ごまとしょうゆ麹の深みだれ　　　　　　　　56
　・野菜のせいろ蒸し
　・蒸し鶏のバンバンジー風
香味旨だれ　　　　　　　　　　　　　　　　58
　・なすと豚しゃぶの香味だれ
　・トマトとから揚げのさっぱりあえ
セミドライトマトとバジルのソース　　　　　　60
　・マッシュルームのカルパッチョ
　・かつおのたたき イタリア風
豆腐のフムスソース　　　　　　　　　　　　62
　・フムスとかぶのソテー
　・春菊とほたてのスパイス白あえ

column 4　インスピレーションをくれる旅ごはん　64

Part 4　おなかを満たすごはんと麺

本格バターチキンカレー　　　　　　　　　　66
タイ風チキンライス　　　　　　　　　　　　68
豆乳ちゃんぽん　　　　　　　　　　　　　　70
きのこのルーロー飯　　　　　　　　　　　　72
トマトと青じその麹カペッリーニ　　　　　　74
ツナとねぎのシンプルチャーハン　　　　　　76
鶏南蛮そば　　　　　　　　　　　　　　　　77

特別な日のもてなしごはん　　　　　　　　　Part 5

友達とワイン会　　　　　　　　　　　78
- ねぎとろのリエット
- ほったらかしローストビーフ
- カリフラワーのスパイスグリル
- たことトレビスの白いマリネ

野菜たっぷり行楽弁当　　　　　　　　　82
- れんこんと青じその塩つくね
- にんじんのひらひらきんぴら
- まあるいだし巻き
- とろけるなすの肉巻き

モダンおせち　　　　　　　　　　　　　86
- 鯛のおぼろ昆布巻き
- 生麩の田楽
- 紫さつまきんとん
- 紅色なます

千尋さんに聞きたい料理のこと、道具のこと　　90

おわりに　　　　　　　　　　　　　　　94

こなれポイントについて

> ファッションに使う「こなれ感」を料理にも落とし込めないか——そう思ったのがこの本の出発点。レシピの最後に"こなれポイント"として、少しの工夫で味に意外性や深みを持たせたり、見栄えがする盛りつけ方や色の合わせ方を紹介しています。ぜひ参考にしてください。

この本の使い方
- 本書で使用している大さじ1は15mℓ、小さじ1は5mℓです。
- 「ひとつまみ」は親指と人さし指と中指の3本でつまんだ分量です。
- 「適量」はちょうどよい分量、「適宜」は好みにより入れなくてもかまいません。
- 「だし」は、昆布とかつおの合わせだしです。
- 本書で使用しているスパイス「Dish(es)」シリーズの詳細はp.52にあります。
- レシピの油は基本的に米油を使用していますが、サラダ油でも代用可能です。

ひと皿レシピがおいしくこなれる方程式

リズムを与える　食感

旨み　奥行きを出す

香り　インパクト＆余韻を残す

3つの要素がおいしさのモトに！

料理を作るときに大切にしているのは、「最初のひと口のインパクト」。ケータリングの仕事を始めた頃、たったひと口で料理に満足してもらうにはどうすればいいだろう？と考え抜き、「旨み」「香り」「食感」の3要素を意識するというルールにたどり着きました。ここでご紹介する食材をひとつ足すだけで、お店のような特別感のある味に近づきます。

旨み

料理に"濃厚な奥深さ"を与えてくれるのが「旨み」。化学調味料を使わずともこれらの食材があればぐっとおいしさが増します。

1 塩麹
塩味、甘み、コクのすべてを補ってくれる調味料。砂糖がわりに甘みの足しに使うことも多く、手作りして、冷蔵室に常備しています。

2 ナンプラー
いわしなどの小魚を塩に漬け込んで発酵させて作るため、魚介の風味が強く、これひとつで塩＋だしの役割を果たしてくれます。

3 塩昆布
あえるだけで、海の香りとほどよい塩けをもたらしてくれるとても便利な食材。細かく刻んで、調味料がわりに使うことも。

4 ドライトマトのオイル漬け
旨みがギュッと凝縮されたドライトマトは、心地よい酸味が食欲をそそります。そのままつまんでも、刻んで炊き込みごはんにしても。

5 パルミジャーノ・レッジャーノ
熟成期間の長さが生む豊かなコクと強い塩けが特長。仕上げにかけたり、ソースにまぜたりと、削ってさまざまな形で活用します。

6 練りごまペースト
ほどよい油分とコクがあり、味の深み出しに最適。ひとさじで力強いまろやかさをプラスできるので、あえものやソースに足しても。

1 山芋
生だとシャキッと、火を通すとホクホク、すりおろして焼くとモチモチに。調理法で食感が変化するユニークなお気に入り食材。

2 れんこん
山芋と同様、食感が変幻自在。シャキシャキ感を楽しむなら薄切りが一番。すりおろしてひき肉に練り込むと、もっちりやわらかく。

3 ナッツ
刻んでサラダや麺類にばらりと加えると、歯ざわりだけでなく見た目もぐっと洗練。食感のよさで選ぶならアーモンドがおすすめ。

4 パン粉
オーブン料理にのせたり、香草パン粉にしてサラダや魚料理に振りかけたり。カリッとした食感と香ばしさが食欲をそそります。

5 エリンギ
加熱すると貝類のようなぷりっ、コリッとした歯ごたえに。食感の割に味が淡泊なので、どんな食材とも合うのがいいところ。

6 かぶ
どんな調理法でもおいしく仕上がる万能野菜。皮つきだと煮くずれしにくく、生ならよりシャキシャキ感が楽しめます。

食感

シャキシャキ、カリカリ、サクッと…etc. 歯ざわりが楽しい食材が入ると、料理がぐっと印象的に。より食感が引き立つ切り方や火入れ加減を意識して。

香り

口に入れる前から
料理の華やかさを印象づけ、
食べたあともその余韻を
楽しめるのが「香り」。
ハーブやスパイスなどを使うと
料理が立体的になります。

1 ハーブ
肉や魚のおいしさを引き立てると同時に、魚類のくさみ消しにも大活躍。余ったら乾燥や冷凍して保存できるところも便利です。

2 スパイス
ハーブ同様の効果がありながら、より強いインパクトを残します。ミックスが使いやすいですが、単品で買うならまずはクミンがおすすめ。

3 柑橘類
果肉や果汁だけでなく、皮まで活用できる便利な食材。特有の酸味や香りが全体をまとめ、お店で食べる味に近づきます。

4 柚子こしょう
鍋の季節に買って余りがちな調味料ですが、実は活用度大！ ドレッシングやたれに少量加えるだけで、料理が引き締まります。

5 ごま油
食材の味をまとめ、おなじみの中華や韓国料理を格上げしてくれる調味料。香りを楽しむなら、調理工程の最後に加えること。

column 1

調理道具は
少数精鋭で！

用途に合わせた専用の道具を使ってひと手間かけるのも、料理の楽しみのひとつ。とはいえ、新しいものをたくさん持つのではなく、本当にいいと思うものを選んで長く使うのが私流。ここでは学生時代からずっと愛用している定番、買い替えて使い続けている相棒をご紹介します。

a.魚や肉をあぶって香ばしく仕上げるのに重宝する、フレームガンのトーチバーナー。 b.計量スプーンはすり切り計量しやすい貝印のものが便利。 c.ピーラーはさびにくいステンレス製。学生時代から使っているため、裏には油性ペンで「中本」の記名が。 d.飲食店などでも使われているマイクロプレインのグレーター。チーズだけでなく、レモンやライムの皮を削るのにも便利。 e.卵焼きやだて巻、簡単昆布巻きなどを美しく仕上げるのに必須の巻きすは、目の細かいものを使用。 f.盛りつけ箸は、細かいものもつまみやすい市原平兵衛商店のもの一択。 g.切れ味が鋭く、野菜のスライスに欠かせない「ベンリナー」。

tool(s)

Part 1
くり返し作りたくなる
とっておきレシピ

まずはレッスンやホームパーティー、日々のごはんなど、
いろいろなシーンで私がくり返し作ってきた定番をご紹介。
ひと手間でふだんの料理が格上げされるコツが満載です。

この章に出てくるこなれポイント

・ステーキはロゼ色の断面を強調できるそぎ切りにする
・オムレツの具は"あとのせ"して迫力満点に！
・蒸し鶏は香味野菜の上から熱い油をかけ香りをアップ
・から揚げは皮を外側にして、丸めて揚げるとサクサク＆美しく
・南蛮漬けの仕上げに、ライムの皮を削りアクセントに…etc.

定番のビーフステーキ

Instagram @tsumamo.tvで累計100万回再生された人気No.1メニュー。肉をロゼ色に仕上げることで、お店のステーキのようなビジュアルに。みりんを使ったちょっぴり甘めのソースも食欲をそそります。

材料（2人分）
牛ヒレ肉（ステーキ用・2cm厚さくらい）…2切れ
塩、あらびき黒こしょう
　…各適量（片面につきひとつまみ）
バター…10g
A｜みりん…大さじ3
　｜しょうゆ…大さじ1
　｜水…大さじ1
クレソン…適宜

1. 牛肉は冷蔵室から出して1時間ほどおき、室温にもどす。
2. 両面に塩、こしょうする。フライパンにバターを入れて強火にかけ、少し茶色く色づいたら肉を入れる。片面1分30秒ずつ、こんがりと焼き色がつくまで焼いてバットにとり出す（a）。
3. アルミホイルをかぶせ、15分ほどおいて肉を休ませる（b）。肉汁が出てきたことを確認し、そぎ切りにして器に盛る。
4. 2のフライパンにAを入れ、とろみがつくまで軽く煮詰める（c）。肉にかけ、好みでクレソンを添える。

a 肉はあまりさわらず、しっかりと焼き色をつける。

b とり出した肉に余熱で火を通すと絶妙なロゼ色に。

c ソースは泡が大きくなるまで煮詰める。

こなれポイント

肉は斜めにそぎ切りにすると、断面が大きく美しく見える。

memo　薄切りにするとローストビーフのように。おもてなしにもおすすめ。

マッシュルームのオープンオムレツ

ぷるぷるとしたオムレツに仕上げるコツは、卵液に水を加えること。
マッシュルームをあとのせし、フライパンのままサーブすると、
ビストロのようなごちそう感が出て、お客さまにも喜ばれます。

材料(2人分)
卵…5個
A │ 水…大さじ3
  │ 塩…小さじ1/4
B │ バター…5g
  │ 米油…小さじ1
マッシュルーム…5個
にんにくのみじん切り…1かけ分
塩…小さじ1/5
米油…大さじ1
あらびき黒こしょう…適量
パセリのみじん切り…適量

a 卵液はゴムべらを使ってやさしく内側に入れるようにして加熱する。

1 卵は白身を切るようにしてよくときほぐし、Aを加えてまぜる。マッシュルームは四つ割りにする。
2 フライパンにBを熱してマッシュルームとにんにくを入れ、香りが立ってきたら、塩を振り、軽くまぜてからとり出す。
3 フライパンを軽くふき、油を足してしっかり熱したら1の卵液を流し入れ、ゴムべらでやさしくまぜながら半熟になるまで火を通す(a)。
4 2を3にのせ、こしょうを振って、パセリを散らす。

こなれポイント

マッシュルームは高さが出るよう盛りつけ、仕上げにパセリのみじん切りを散らす。

memo　コク出しにパルミジャーノ・レッジャーノを振っても。

彩り野菜シュウマイ

皮を使わず、せん切りにした野菜で包んだ、見た目も美しいシュウマイです。
ひき肉に加えて細切りの豚肉をまぜることで、ジューシーなおいしさに。
れんこんのすりおろしをつなぎに使ったもっちり食感もクセになります。

材料（2人分）

【肉だね】
豚ひき肉…150g
豚バラ薄切り肉…100g
玉ねぎ…1/2個（約90g）
A｜しょうがのすりおろし…小さじ2
　　れんこんのすりおろし
　　　（軽く水けをきって）…60g
　　砂糖…小さじ1
　　白ごまペースト…大さじ1
　　オイスターソース…小さじ1
　　しょうゆ…小さじ1
塩…小さじ1/2
あらびき黒こしょう…適量
ごま油…大さじ1
かたくり粉…大さじ1

【飾り野菜】
紫キャベツ、ズッキーニなど
　…合わせて120g
塩…小さじ1
かたくり粉…小さじ1/2

【敷く野菜】
かぶ（薄切り）…1/2個

1 玉ねぎはみじん切りにする。飾り野菜はせん切りにして塩をまぶし、しんなりとさせ、水けをしぼってかたくり粉をまぶす。豚バラ肉は細切りにする。
2 ひき肉、豚肉、玉ねぎ、Aをボウルに入れ、粘りが出るまでまぜる（a）。
3 7〜8等分して丸め、飾り野菜をのせて軽く握る（b）。
4 せいろにかぶを敷いて3を並べ、13分ほど蒸す。

a 肉と調味料はボウル全体に広げるようにかきまぜ、よく練る。

b 肉だねは手のひらにのるくらいに丸め、飾り野菜をのせる。

こなれポイント

シュウマイの下にはクッキングシートのかわりにかぶを敷いて見栄えよく。

memo　飾り野菜にとうもろこしやパプリカ、にんじんなどを使ってもOK。

中華風蒸し鶏

仕上げにねぎの上からジュッとかける油がおいしさの秘密。
そのままおつまみとして楽しんでもいいし、麺やごはんにのせたり、
葉物野菜で包んでいただくのもおすすめです。

材料（2人分）
鶏もも肉…1枚（約300g）
A ｜ 塩麹…小さじ1
　｜ 塩…小さじ1/3
　｜ 紹興酒または酒…大さじ1/2
　｜ 水…大さじ1
　｜ ごま油…大さじ1/2
しらがねぎ（p.92参照）、しょうが…各適量
塩…ひとつまみ
米油…大さじ2

a 袋の中の空気をしっかり抜いてから口を閉じると味がなじみやすい。

1 ポリ袋（ここではアイラップを使用）に鶏肉とAを入れてよくもみ、袋の中の空気を抜いて閉じたら、室温に1時間ほどおいて味をなじませる（夏場は冷蔵室に入れる）（a）。
2 大きめの鍋に必ず耐熱皿をおいてたっぷりの湯を沸かし、沸騰したら火を止めて1の袋を沈め、25分ほどおく（b）。
3 鍋からとり出し、あら熱がとれたら切り分け、器に盛る。
4 塩を振り、しらがねぎ、せん切りにしたしょうがをのせ、熱した油を上からかける。

b 肉に火が通るよう、しっかりと湯の中に沈めておく。

こなれポイント

仕上げに香味野菜に熱々の油をかけて香りを立たせる。

memo　冷蔵室で2、3日保存がきくので、作りおきメニューとしても重宝。

サクサク塩から揚げ

しょうゆを使わないので、焦げにくく美しいきつね色に仕上がります。
よりカリッと仕上げたいときは、かたくり粉と米粉を半々でまぜて使っても。
二度揚げするのが、中はふっくら、外は歯ざわりよく仕上げるコツ。

材料（2人分）
鶏もも肉…500g（約2枚）
A　水…40mℓ
　　塩…小さじ1弱
　　紹興酒または酒…大さじ1
　　ごま油…大さじ1
　　しょうがのすりおろし…小さじ2
かたくり粉…50g
揚げ油…適量

1　鶏肉は余分な脂をとり、5cm角くらいに切る。ボウルに肉とAを入れてもみ込むようにまぜ、室温に1時間おく（夏場は冷蔵室に入れる）（a）。
2　かたくり粉をまぶし、鶏の皮目が表面になるように丸く成形し、170℃程度の中温の油で4分揚げる（b）。一度とり出して3分ほどおき、180℃程度の高温の油に入れて1分ほど揚げる（c）。

a　調味液に水を加えると、揚げたときに肉がジューシーに仕上がる。

b　油に割り箸を入れ、細かい泡が出てきたら中温（170℃）になった合図。

c　二度揚げすることで、サクッとした食感に。

こなれポイント

皮を外側にして丸めて揚げると仕上がりが美しく。

ささみのバジル春巻き

大阪でレッスンを始めた頃から好評を得ている私の定番メニュー。
ユニークな食感のエリンギと、独特の風味を持つちくわを入れるのがポイントです。
バジルのフレッシュな香りが全体のまとめ役！

材料（2人分）
鶏ささみ…2本
ちくわ…1本
エリンギ…小さめ1本
バジルの葉…5枚
A ┌ 塩…小さじ1/4
　├ あらびき黒こしょう…適量
　└ ごま油…小さじ1/2
春巻きの皮…6枚
揚げ油…適量

1　ささみ、ちくわ、エリンギは1cm角に、バジルは1cm幅に切る。
2　ボウルに1とAを入れてさっくりとまぜる（a）。
3　春巻きの皮で2の1/6量を包み、巻き終わりに水をつけてとめる。
4　中温（170℃）できつね色になるまで揚げる（b, c）。

a　具はさいころ状に切ってAとよくなじませる。

b　色ムラができないよう、春巻きを転がしながら揚げる。

c　バットにとって立てておくと、早く油が切れる。

こなれポイント

空気を抜きながら転がすようにして丸い筒状に巻くと、食べやすく、見た目も洗練される。

memo　エリンギのかわりに山芋、バジルのかわりに青じそを使っても。

サルシッチャのフィンガートースト

ひき肉にハーブやスパイスをたっぷり入れて楽しむ、
イタリアのソーセージ「サルシッチャ」。バゲットに塗って焼けば、
おもてなしにもピッタリのおしゃれな前菜になります。

材料（2人分・12個）

【サルシッチャ】
豚ひき肉…100g
れんこんのすりおろし
　（軽く水けをきって）…40g
塩…小さじ1/4弱
にんにくのすりおろし…小さじ1
イタリアンハーブミックス…小さじ1/3
※Dish (es) TUESDAYを使用
あらびき黒こしょう…適量

バゲット…1/2本（12枚に切る）
ローズマリーなど好みのハーブ…適宜

1　ボウルにサルシッチャの材料を入れ、よくかきまぜる。
2　バゲットに1を薄くのばし（a）、200℃のオーブントースターまたは230℃のオーブンで表面にこんがりと焼き色がつくまで5分ほど焼く。ローズマリーなど好みのハーブをのせる。

a　サルシッチャは火が通りやすいよう、バゲットの表面に薄くのばす。

こなれポイント

香りづけと彩りに好みのハーブをのせる。

memo　表面を指でやさしく押して弾力を感じたら、火が通った合図。

えびの香草パン粉焼き

旨みの強いえびと、サクサクの香草パン粉が好相性！
どんな食材も焼いてから香草パン粉をのせれば、手軽に香草焼き風に。
一度にたくさん作っておいて、ふりかけのように活用してください。

材料（2人分）

有頭えび…6尾
【香草パン粉】
オリーブオイル…大さじ1
にんにくのすりおろし…小さじ1
A ｜ パン粉…大さじ4
　｜ イタリアンハーブミックス…小さじ1
　｜ ※Dish (es) TUESDAYを使用
　｜ 塩…小さじ1/4

マスタード、レモン…各適量

1 えびは包丁で背にしっかりと切り込みを入れて（a）、背わたをとる。
2 オリーブオイルとにんにくをフライパンに入れて火にかけ、Aを加えてきつね色になるまでいる（b）。
3 耐熱皿にえびを並べ、200℃のオーブントースター、または230℃のオーブンで7分ほど焼く。
4 背の切れ込みにマスタードを塗り、2の香草パン粉を詰める。レモンをしぼる。

a えびの背に殻の上から切り込みを入れる。

b パン粉がきつね色になるまでしっかりといる。

こなれポイント

切れ込みにマスタードを塗ってから香草パン粉を詰めると、落ちにくくきれいな仕上がりに。

memo　香草パン粉は魚介類はもちろん、野菜ソテーやパスタにも合う。

サーモンの南蛮漬け

調味液に漬け込まない、"あえるだけ"で食べられる手軽な南蛮漬けレシピです。
色鮮やかな紫玉ねぎや赤パプリカを使うと、ぐっと華やか。
セロリのシャキシャキとした食感もいいアクセントに。

材料（2人分）
トラウトサーモン…200g
塩…ふたつまみ
あらびき黒こしょう…適量
かたくり粉…大さじ1
【野菜だれ】
紫玉ねぎ…1/4個
セロリ…1/2本
しょうが…5g
赤パプリカ…1/8個
A ｜ 塩…小さじ1/3
　｜ 酢…大さじ2
　｜ 砂糖…大さじ1
　｜ ナンプラー…小さじ1

米油…大さじ1
ライムの皮…適宜

1 玉ねぎは薄切りに、セロリ、しょうが、パプリカはせん切りにし（a）、ボウルにAとともに入れてまぜ、30分ほどおく。
2 サーモンは2cm程度の厚さに切り、塩、こしょうを振り、かたくり粉をまぶしてから、油を熱したフライパンで香ばしく焼く（b）。
3 器に並べ、1をかけ、好みでライムの皮を削る。

a　セロリは繊維を断つように切ると生でも食べやすくなる。

b　サーモンはフライパンで揚げ焼きにする。

こなれポイント

仕上げに香りのいいライムの皮をぱらり。レモンの皮でもよい。

memo　サーモンのかわりにさば、かじき、たらなどを使っても。

エスニックひき肉炒め

豚ひき肉をハーブやナンプラー、ライムなどであえたタイ料理の「ラープ・ムー」。
野菜がたくさんとれて華やかな、来客がある日によく作る一品。
おのおののペースで包みながら食べると、会話も弾みます。

材料（2人分）
豚ひき肉…250g
にんにくのみじん切り…小さじ2
しょうがのみじん切り…小さじ2
塩…ひとつまみ
カレー粉…小さじ1
※Dish (es) MONDAYを使用
豆板醤…小さじ1/2
米油…適量
ナンプラー…小さじ2
パクチー…適量
紫玉ねぎ…小1個
ライム果汁…1/2個分
刻みナッツ…20g
グリーンリーフ、紫キャベツなどの葉野菜、
ミントやパクチーなど好みのハーブ
　…各適量

1　フライパンに油を熱し、にんにく、しょうが、ひき肉を入れ、色が変わるまで炒める。塩、カレー粉、豆板醤を加えてひとまぜする。
2　ボウルにとり出し、ナンプラー、パクチー、薄切りにした紫玉ねぎ、ライム果汁を加えてよくまぜ（a）、器に盛り、刻みナッツを振る。
3　適当な大きさにちぎった葉野菜やハーブで2を包んで食べる。

a　ナンプラーやパクチーなどは、香りが飛ばないよう、火からおろしてからまぜる。

こなれポイント

葉野菜に加えハーブを一緒に包んで食べると、お店のようなおしゃれ感が。

memo　桜えびやたこ、パイナップルなどを入れても、一風変わった味や食感を楽しめる。

column 2　tableware(s)

器はシンプル、カトラリーはアクセントに

a

b

撮影や料理会、レッスンなど、さまざまなシーンに合わせて器を使い分けますが、ほかの器と特にコーディネートしやすいのはマットな白や黒などの陶器。また、ツヤ消しの漆皿も和洋どちらにも使えておすすめです。お皿をシンプルなものでまとめた分、カトラリーは旅先などで買った個性豊かなものを合わせると、食卓がほどよくにぎわいます。

a　手前の白い皿は、私がプロデュースしている「Dish（es）」の器。伊万里鍋島焼の畑萬陶苑との共同デザインです。例えば左の小さい碗は、茶碗、飯碗、汁碗、取り皿など、いろんな役割を担えるのが魅力。

b　大皿に添える取り分け用のカトラリーは、料理に合わせて表情の違うものを選びます。右からお土産でいただいたベトナムのれんげ、青山の「グランピエ」で買ったほうろうスプーン、韓国のスッカラ、水牛のスプーン。

34

Part 2
ささっとできる
ひと皿つまみ

ビール、ワイン、焼酎…etc.どんなお酒とも相性よく、
少ない材料で手早く作れて、子どもでもおいしく食べられる。
そんなうれしいおつまみを集めました。

この章に出てくるこなれポイント

・マリネは「色合わせの法則」で洗練されたひと皿に
・ズッキーニはリボン状にし、くるりと盛りつけるとおしゃれ
・和ハーブのサラダは小鉢に高さが出るように盛るとお店のように
・バジルは手でちぎると香りよく存在感が増す
・セビーチェは味がなじむよう、魚をさいころ状に切る…etc

いちごとフルーツトマトのバルサミコマリネ

いちごとトマトなど、赤い素材同士を組み合わせることで
ひと皿にまとまりが出て洗練された印象に。ボリュームアップさせたいときは、
生ハムやブッラータなどたんぱく質のとれる食材を添えて。

材料（2人分）
いちご…6個
フルーツトマト…小2個
塩…ふたつまみ
オリーブオイル、バルサミコクリーム
　…各大さじ1
ミント…適量

1　いちごは半分に切り、トマトは食べやすい大きさに切る。
2　器にバランスよく盛り、塩、オリーブオイル、バルサミコクリームの順にかける。仕上げにミントをあしらう。

こなれポイント

バルサミコ酢にぶどう果汁などをまぜた、まろやかなバルサミコクリーム。ほどよい酸味が、野菜や肉、魚の味を引き立ててくれます。

memo　甘さと酸味をもつバルサミコクリームはアイスクリームなどスイーツとも好相性。

ししとうのナンプラーバターソテー

意外や意外、魚介の香りとバターのコクが相性抜群！
どんな野菜でもこの2つの調味料があれば、奥行きのあるおいしさに。
ナンプラーの香りが飛んでしまわないよう、火を止めてから加えるのがコツ。

材料（2人分）
ししとうがらし…20本
バター…10g
ナンプラー…小さじ1/2〜
塩…ひとつまみ
あらびき黒こしょう…適量

1 フライパンにバターを入れて焦がすくらいに熱し（a）、ししとうを入れる。全体に焼き色がつくまでしっかりと焼く（b）。
2 火を止め、ナンプラーと塩、こしょうを振り、味をからめる。

a バターが泡立ち、静かになったタイミングでししとうを入れる。

b ししとうはあまりさわらないようにして、じっくりと焼き目をつける。

arrange!

香りのいいナンプラーバターは、あらゆる野菜と合います。とうもろこし、ズッキーニ、たけのこ、きのこなどもおすすめ。

こなれポイント
食材が1種なので、色と味のアクセントとなるこしょうをたっぷりめに加える。

ぶりパッチョの柚子こしょうソース

刺し身用の魚をスライスし、折るようにして並べるとセンスよく。
鍋用に購入して余りがちな柚子こしょうの活用法としても、ぜひお試しを。
冬はレモンのかわりに柚子を使っても。

材料（2人分）	
ぶり（刺し身用）…1さく	
塩…ふたつまみ	
紅芯大根…1/4個	
A	オリーブオイル…大さじ1
	柚子こしょう…小さじ1/2
	レモン汁…大さじ2/3
レモンの皮…適量	

1. ぶりは薄切りにして、塩ひとつまみをまぶし、少しおいてから、キッチンペーパーなどで水分をふきとる（a）。紅芯大根はスライスし、塩ひとつまみをまぶししんなりとさせる。
2. Aを合わせて、柚子こしょうソースを作る。
3. 器に1をバランスよく盛りつけて（b）2をかけ、レモンの皮を削ってちらす。

a　ぶりは塩を振って水けをふきとり、くさみをとる。

b　ぶりや紅芯大根は、半分に折って重ねるように並べると美しく。

こなれポイント

鮮やかな黄色のレモンの皮が、香りと見た目のアクセントに。

memo　鯛やひらめなど、そのときに手に入る淡泊な味の刺し身でも代用OK。

ズッキーニとキウイのカルパッチョ

p.37と同様、「色合わせの法則」がポイントのひと皿。
濃淡のあるグリーンの食材同士を重ねて、
春や夏に似合うさわやかなカルパッチョに仕上げました。

材料（2人分）
ズッキーニ…1/2本
キウイフルーツ…1個
塩…ひとつまみ
ライム…1/4個
オリーブオイル…大さじ1/2
パルミジャーノ・レッジャーノ…適量
ディル…適量

1. ズッキーニはスライサーでリボン状にスライスする（a）。キウイは皮をむき、薄いいちょう切りにする。
2. 器にバランスよく盛りつけ、塩を振り、ライムをしぼったら、オリーブオイルを回しかける。
3. ピーラーでスライスしたパルミジャーノ・レッジャーノをのせ（b）、ディルをあしらう。

a　ズッキーニはスライサーで薄く、長くスライスする。

b　パルミジャーノ・レッジャーノはピーラーを使い、小さくカットする。

こなれポイント
スライスしたズッキーニは、くるくると丸めて皿に並べると、華やかかつ食べやすい。

memo　キウイのかわりに同じくグリーンのマスカットやメロンなどを使っても。

豆苗と和ハーブのサラダ

お手頃な豆苗を主役に、春菊や三つ葉を加えた和風サラダです。
味つけはごま油と酢、ナンプラーのみ。
隠し味に入れた塩昆布がいい仕事をしてくれます。

材料（2人分）
豆苗、春菊、三つ葉など…合わせて80g
A ｜ ナンプラー…小さじ1/4
　　｜ ごま油、酢…各小さじ1
　　｜ いり白ごま、塩昆布…各適量

1　葉野菜は洗って水けをきり、冷蔵室に10分ほど入れる（a）。
2　ボウルに入れ、Aを合わせてさっくりとまぜ、器に盛る。

a　水けをきって冷蔵室に入れておくことで、シャキッとみずみずしく。

こなれポイント

小鉢に高さが出るように盛りつけると、バランスよく見える。

memo　塩昆布は小さくカットされたものを使用すると、味ムラが出にくい。

砂肝の簡単コンフィ

面倒な銀皮の処理が要らず、あとはじっくり火を入れるだけでできる
とてもお手軽なレシピ。通常のコンフィより少ない油で
作れるので、気軽に挑戦できます。

材料（作りやすい分量）

砂肝…500g
A｜塩…小さじ2弱
　｜砂糖…小さじ1/2
　｜にんにくのスライス…2かけ分
　｜イタリアンハーブミックス…小さじ2
　｜※Dish(es) TUESDAY を使用
オリーブオイル…50ml
ローズマリー…適量

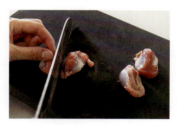

a　砂肝は銀皮をとらず、そのまま半分にカットして使用する。

b　鍋に必ず耐熱皿をおいてたっぷりの湯を沸かし、袋をそっと沈める。

1　砂肝は半分に切って（a）ボウルに入れ、Aを加えて軽くまぜ、1時間ほど冷蔵室において味をなじませる。
2　ポリ袋（ここではアイラップを使用）に1とオリーブオイルを入れ、空気を抜いて口を閉じる。
3　少し大きめの鍋にたっぷりの湯を沸かして2を袋ごと入れ、ごく弱火にして1時間30分ほどおき、火を通す（b）。
4　器に盛り、ローズマリーをあしらう。

こなれポイント

香りづけと見た目の印象アップに、ローズマリーをあしらう。

memo　袋ごと冷凍保存が可能。食べる際は、冷蔵室で解凍したあとフライパンで温めを。

マッシュルームの生ハムグリル

塩けは生ハムとパルミジャーノのみ。
シンプルだからこそ、食材の味を存分に
楽しめる料理です。

| 材料（2人分） | マッシュルーム…8個
生ハム…2枚
オリーブオイル…適量
パルミジャーノ・レッジャーノ…適量 |

1. マッシュルームの軸は、回しながら折るようにとる。
2. 笠のくぼみにオリーブオイル、小さくちぎった生ハムを詰め（a）、200℃のオーブントースター、または230℃のオーブンで3分ほど香ばしくなるまで焼く。
3. 仕上げにパルミジャーノ・レッジャーノを削る。

a　笠のくぼみにオイル、生ハムの順に詰める。

こなれポイント

削りたてのパルミジャーノ・レッジャーノをたっぷりとかけてコクをプラス。

ほたてと梨の梅バジルマリネ

ほたては軽く火入れをすると、旨みと甘みが断然強くなり、食感もよくなります。シャキシャキした梨との組み合わせも新鮮に感じるはず。りんごでも代用可。

材料（2人分）
- ほたて貝柱（刺し身用）…4個
- 梨…1/4個
- 梅肉…小さじ1
- オリーブオイル…小さじ2
- バジルの葉…大2枚

1. ほたては熱湯に20秒ほどつけ、表面にわずかに火を入れる。とり出して水けをふきとり、そぎ切りにする。梨はいちょう切りにする。
2. 梅肉とオリーブオイルをボウルに入れ、まぜる。
3. 2に1を入れ、手で小さくちぎったバジルを加えてさっくりまぜ、器に盛る。

こなれポイント

バジルの葉は包丁を使わず、手でちぎると香りが立ち、存在感が増します。

鯛のセビーチェ

魚介と野菜をマリネして作るペルー生まれの「セビーチェ」。青とうがらしのかわりに、ここでは柚子こしょうを使います。角切りにすることで食感もよく、時間がたっても食べやすい。

材料（2人分）
- 鯛（刺し身用）…1/2さく（約130g）
- 紫玉ねぎのみじん切り…1/8個分
- フルーツトマト…小1個
- A
  - 塩…ひとつまみ
  - ナンプラー…小さじ2
  - 柚子こしょう…小さじ1/2
  - ライム果汁…1/4個分
- パクチー…適宜

野菜や調味液となじむよう、鯛はさいころ状にカット。

1. ボウルに玉ねぎ、角切りにしたトマト、Aを入れ、よくまぜる。
2. 鯛は1cmくらいの角切りにし、1に加えてよくまぜ、器に盛る。好みでちぎったパクチーを添える。

薄揚げとみょうがのマスタードぽん酢あえ

油揚げは焼くと肉のような食感になるので、
動物性たんぱく質を控えたいときにもおすすめの一品。
隠し味に粒マスタードを入れて味を引き締めます。

材料(2人分)
油揚げ…2枚
みょうが…2個
粒マスタード…小さじ1
ぽん酢…小さじ2

1 油揚げは両面を香ばしく焼き、ざく切りにする。みょうがは斜め薄切りにする。
2 1とマスタード、ぽん酢をボウルに入れ、しっかりとまぜ合わせ、器に盛る。

こなれポイント

油揚げはフライパンでカリッと焼くことで、歯ざわりと香りがよくなります。

column 3 spice(s)

（スパイスをそろえると
料理は俄然楽しくなる！）

料理人として独立し、最初に挑戦したのはスパイスカレーのお店。スパイスを調合し、自分の味を作るのが楽しくて、それ以来スパイスのとりこに。今ではオリジナルスパイスを販売したり、飲食店のスパイス監修をしたりと、私の仕事の軸になっています。少量で料理を変化させ、自信の持てる味へと導く──スパイスにはそんな力があると思います。

1週間の気分に合わせて調合したオリジナルスパイス「Spices（es）」は、洗練されたパッケージでギフトにもよろこばれる商品。ほかのプロデュースアイテム同様オンラインショップ「Dish(es)」から購入可。左からクミンやコリアンダーを使ったベーシックな「MONDAY」、タイムやバジルなどハーブを使ったさわやかな「TUESDAY」、辛みに山椒やシナモンなどを加えた「WEDNESDAY」、スパイスカレーに使えるあらめの「THURSDAY」、四川のホットポットをイメージした辛めな「FRIDAY」、スイーツやドリンクに使いやすい「SATURDAY」、辛みを抜いた香り豊かな「SUNDAY」。各60g￥1300、200g￥2500、1kg￥6800

Part 3
これさえ作っておけばラク!
万能ソースとアレンジレシピ

かけるだけ、あえるだけで"こなれた"ひと皿に仕上がる
5つのとっておきソースをご紹介。
作りおきしておけるものもあるので、
急なお客さまのおもてなしにも。
アレンジメニューは、監修しているお店でも大人気!

この章に出てくるこなれポイント

ここでは、5つのソース自体が"こなれ"の秘訣に。
特に「こんな食材&料理に」欄のおすすめと合わせると
一気にこなれ度が増します。

ナンプラーヨーグルトソース

ヨーグルトのほどよい酸味とナンプラーの魚介の旨みがマッチ。
監修するお店でも登場率の高い、口当たりマイルドなソースです。

材料（作りやすい分量）

プレーンヨーグルト…大さじ4
マヨネーズ…大さじ1
ナンプラー…小さじ1

こんな食材&料理に

卵料理、肉や魚のフライなど

1 ヨーグルトは冷蔵室で2時間ほど水きりする（a）。
2 ボウルに1、マヨネーズ、ナンプラーを入れてまぜる。

a ヨーグルトはキッチンペーパーで包み、ボウルと重ねたざるにのせて水をきる。

【 アレンジ❶ 】
おめかしウフマヨ

材料（2人分）
卵…2個
ディル…適量
紫玉ねぎのみじん切り…少々
ナンプラーヨーグルトソース
　…大さじ2

1 鍋に湯を沸かし、室温にもどした卵を入れて7分ゆで、半熟ゆで卵を作る。
2 器に手で半分に割ったゆで卵を並べ、ナンプラーヨーグルトソースをかけ、ディルや玉ねぎを散らす。

【 アレンジ❷ 】
じゃがいもとサルシッチャのパセリ炒め

材料（2人分）
じゃがいも…1個
サルシッチャ…80g（作り方はp.27参照）
オリーブオイル…大さじ1
塩…ひとつまみ
にんにくのみじん切り…1かけ分
パセリのみじん切り…適量
ナンプラーヨーグルトソース…大さじ2

1 じゃがいもは2cm角に切って、6〜7分ゆで、やわらかくなるまで火を通す。
2 フライパンを中火にかけ、オリーブオイル、塩、小さく丸めたサルシッチャを入れて1を加え、サルシッチャに焼き目がつくまでしっかり焼いたら、にんにくを加えて香りが立つまでさらに炒める。仕上げにパセリを加え、火からおろす。
3 器にナンプラーヨーグルトソースを敷き、2を盛る。

おめかしウフマヨ

じゃがいもと
サルシッチャの
パセリ炒め

ごまとしょうゆ麹の深みだれ

白ごまペーストを使ったちょっと懐かしい風味のたれ。
甘みとコクがあるので、野菜とさっとまぜれば簡単ごまあえ風に。
みそ汁の味に深みを出したいときに、ひと足しするのもおすすめ。

材料（作りやすい分量）

しょうゆ麹…大さじ2
白ごまペースト…大さじ2
水…大さじ1
砂糖…小さじ1

1　ボウルにすべての材料を入れ、よくまぜる。

こんな食材＆料理に

蒸し料理、冷ややっこや刺し身など

【 アレンジ❶ 】
野菜のせいろ蒸し

材料（2人分）
キャベツ…1/8個
にんじん…1/4本
かぼちゃ…1/8個
チンゲンサイ…1/4株
赤かぶ、かぶ…各1/2個
塩…適量
ごまとしょうゆ麹の深みだれ…大さじ3

1　せいろにチンゲンサイ以外の野菜を並べて塩を振り、沸騰した鍋にのせて8分ほど蒸す。
2　一旦ふたをあけてチンゲンサイをのせ、再度ふたをして3分ほど蒸す。ごまとしょうゆ麹の深みだれを添え、つけながら食べる。

【 アレンジ❷ 】
蒸し鶏のバンバンジー風

材料（2人分）
蒸し鶏…1枚（作り方はp.21参照）
きゅうり…1本
ごまとしょうゆ麹の深みだれ
　　…大さじ3
刻みナッツ…適量
パクチーなどの香味野菜…適宜

1　蒸し鶏は食べやすい大きさに切る。きゅうりはスライサーでリボン状にスライスする。
2　皿に蒸し鶏、きゅうりを盛り、ごまとしょうゆ麹の深みだれをかけ、ナッツを振る。好みで香味野菜を添える。

野菜のせいろ蒸し

蒸し鶏の
バンバンジー風

香味旨だれ

香味野菜のにらとねぎを使った中華風のソースです。
仕上げのごま油で香りを立たせるのがポイント。
冷ややっこや蒸し鶏にかけたり、麺の調味に使ったりしてもよし！

こんな食材＆料理に

チャーハン、まぜ麺、
餃子など

材料（作りやすい分量）

にら…40g
青ねぎ…40g
A｜しょうゆ…大さじ2
　｜砂糖…大さじ1/2
　｜豆板醤…小さじ1/2
　｜オイスターソース…小さじ2
　｜しょうがのすりおろし…小さじ1
　｜いり白ごま…小さじ1
ごま油…大さじ2
米油…大さじ2

1 にら、青ねぎはこまかく刻み、Aとともに耐熱ボウルに入れる。
2 ごま油と米油をフライパンで熱々に熱して1にかけ（a）、軽くまぜる。

a 熱した油をジュッとかけると香味野菜の香りが立つ。

【 アレンジ❶ 】
なすと豚しゃぶの香味だれ

材料（2人分）

なす…1個
塩…ひとつまみ
豚肩薄切り肉（しゃぶしゃぶ用）…150g
香味旨だれ…大さじ3

1 なすは縦5mmの薄切りにして、軽く塩を振り、フライパンでこんがりと焼く。
2 鍋に湯を沸かして火を止めたら、豚肉をさっとくぐらせ、色が変わったらざるに上げてあら熱をとる。
3 ボウルに1、2、香味旨だれを入れてさっくりとまぜ、器に盛る。

【 アレンジ❷ 】
トマトとから揚げのさっぱりあえ

材料（2人分）

塩から揚げ…4個（作り方はp.23参照）
トマト…1個
香味旨だれ…大さじ3

1 から揚げは半分に切り、トマトは1cm角に切る。
2 ボウルに1と香味旨だれを入れてさっくりとまぜ、器に盛る。

なすと豚しゃぶの
香味だれ

トマトとから揚げの
さっぱりあえ

セミドライトマトとバジルのソース

香りや旨みがギュッと濃縮されたセミドライトマトと、あと味さわやかなバジルを使った、味わい深いソース。作りおきしておけば、パスタソースとしても活用できます。

こんな食材&料理に

魚介（特にほたるいかがおすすめ）、炊き込みごはんなど

材料（作りやすい分量）

セミドライトマトのオイル漬け…5枚（約40g）
フルーツトマト…1/2個
バジルの葉…大8枚
塩…小さじ1/4
粒マスタード…小さじ2
しょうゆ…大さじ1/2
レモン汁…大さじ1
オリーブオイル…大さじ1

1 セミドライトマトはみじん切りに、トマトは5mm角に切る。バジルは手で小さくちぎる。
2 ボウルにすべての材料を入れ、よくまぜる。

【 アレンジ❶ 】
マッシュルームのカルパッチョ

材料（2人分）

マッシュルーム…5個
紫玉ねぎ…1/4個
セミドライトマトとバジルのソース…大さじ2

1 マッシュルームは汚れをふきとってから薄切りにし、皿の上に並べる。
2 薄切りにした玉ねぎをのせ、セミドライトマトとバジルのソースをかける。

【 アレンジ❷ 】
かつおのたたき イタリア風

材料（2人分）

かつおのたたき…1さく
塩…ひとつまみ
セミドライトマトとバジルのソース…大さじ3

1 かつおのたたき（味のついていないもの）は、塩を全面にすり込み、出てきた余分な水分をペーパーでふきとる。あればガスバーナーで皮目を香ばしく焼き直す。
2 1を1〜2cm厚さに切って、器に並べ、セミドライトマトとバジルのソースをかける。

マッシュルームの
カルパッチョ

かつおのたたき
イタリア風

豆腐のフムスソース

水きり豆腐を使った一見和風のペーストですが、
にんにくとクミンを使うことで中東っぽい味わいに。
高たんぱくで食べごたえがあり、ヴィーガンの人にも喜ばれます。

材料（作りやすい分量）

木綿豆腐…1丁（約400g）
白みそ…大さじ1と1/2
白ごまペースト…大さじ1と1/2
にんにくのすりおろし…小さじ1
しょうゆ…小さじ1/2
塩…小さじ1/3
クミンパウダー…小さじ1/2

こんな食材＆料理に

野菜ソテーやピクルス、ソーセージなど

1. 豆腐は重しをのせて30分ほどおき、水きりをする（a）。
2. ボウルにすべての材料を入れ、ゴムべらでつぶしながらよくまぜ合わせる。

a　豆腐はキッチンペーパーで包み、水を入れたボウルなどをのせて水きりする。

【アレンジ❶】
フムスとかぶのソテー

材料（2人分）

かぶ…1個
バター…10g
ナンプラー…小さじ1
あらびき黒こしょう…適量
豆腐のフムスソース…適量
オリーブオイル…適量
クミンパウダー…適量

1. かぶはくし形切りにして、ナンプラーバターソテーにする。（p.39参照）
2. 器に豆腐のフムスソースと1を盛る。
3. オリーブオイル、クミンパウダーをかける。

【アレンジ❷】
春菊とほたての
スパイス白あえ

材料（2人分）

春菊…1/2束
はたて貝柱（刺し身用）…5個
塩…ひとつまみ
豆腐のフムスソース…150g
刻みナッツ…適量

1. 春菊は洗って葉を食べやすい大きさにちぎり、水けをきる。
2. ほたてはさっと熱湯にくぐらせて表面に軽く火を通し、食べやすい大きさに切る。
3. ボウルに1、2、塩、豆腐のフムスソースを入れてさっくりとまぜ、器に盛る。刻みナッツをかける。

フムスと
かぶのソテー

春菊とほたての
スパイス白あえ

column 4

旅ごはん
（インスピレーションをくれる）

旅先で出会う「食」にインスパイアされて、新しいメニューのアイデアが生まれることもしばしば。海外では、味覚がより敏感に。世界の食文化に触れることで、私の料理も研ぎ澄まされる気がします。

a.ソウルのレストラン「Soseoul Hannam」。モダンな韓国料理の意外な組み合わせがいいヒントに。　b.ベルリンで話題のレバノン料理店「Kanaan Berlin」。ヴィーガン料理が興味深く、新しい味覚との出会い、盛りつけ方など発見の連続！　c.パリでは念願の渥美創太シェフのレストラン「Maison」へ。シェフたちのミュージカルのような動きとサービス、料理のリズムも心地よく、感動的な体験に。　d.バルセロナのボケリア市場。初めて見る食材と対話して調理法を変えるなど、料理のアドリブ感や発想力が鍛えられました。

travel food(s)

Part 4
おなかを満たす ごはんと麺

おもてなしのシメに、ひとりランチに、夜食にも！
おなかと心をしっかりと満たしてくれる
気の利いた主食メニューが勢ぞろい。

この章に出てくるこなれポイント

・スパイスカレーはほうれんそうを入れさっぱりとしたあと味に
・タイ風のあえごはんは香りと食感がいいジャスミンライスを使う
・パスタはトングを使い、高さを出して盛りつける
・シンプルチャーハンの仕上げに、食感のいいナッツをON
・鶏南蛮そばのつけ汁は、焼きつけたねぎを入れ香ばしく…etc.

本格バターチキンカレー

私の中で「一番の定番メニュー」といったら、やっぱりこれ！
小麦粉を使わないので、サラッとしていて体に負担なく食べられると好評です。
簡単にできるのにコクと風味が抜群にいい王道レシピです。

材料（2人分）
- 鶏もも肉…1枚
- A
  - にんにくのみじん切り…10g
  - しょうがのみじん切り…10g
  - 玉ねぎのみじん切り…1個分（約200g）
  - バター…10g
  - 塩…小さじ1
- 米油…大さじ1
- 豆板醤…小さじ1/2
- カレー粉…大さじ1と1/2
  ※Dish(es)MONDAYを使用
- イタリアンハーブミックス…小さじ1
  ※Dish(es)TUESDAYを使用
- トマトピュレ…150g
- 砂糖…大さじ1
- しょうゆ…大さじ1
- 水…300㎖
- 生クリーム…100㎖
- ほうれんそう…1/2束
- ピクルス…適宜

a 玉ねぎがやや茶色くなったら、スパイスミックスを加えて炒める。

こなれポイント

ほうれんそうをたっぷり入れることで、さっぱりとした口当たりに。

1. フライパンに油を熱してAを入れ、玉ねぎがほんのり茶色に色づくまで中火で10分ほど炒める。
2. 豆板醤、スパイスミックス2種を加え(a)、香りが立つまでさらに炒めたら、一口大に切った鶏肉とトマトピュレ、砂糖、しょうゆ、水を加えて15分ほど煮込む。
3. 生クリーム、ざく切りにしたほうれんそうを加え、ひと煮する。好みでピクルスを添える。

memo　より軽く仕上げたいときは、生クリームのかわりに牛乳または豆乳を使っても。

タイ風チキンライス

タイのライスサラダ「カオヤム」から着想を得た、具がたっぷりのあえごはん。
香りのいいジャスミンライスとやわらかな蒸し鶏、ハーブが
口の中で合わさって、しあわせな味わいに。

材料（2人分）

蒸し鶏…1枚　※作り方はp.21参照
ジャスミン米…180mℓ（1合）
きゅうり、紫キャベツ、紫玉ねぎ、みょうが、
　パクチー…各適量
刻みナッツ…適量
ライム…1/2個
【ソース】
蒸し鶏の蒸し汁…大さじ1
水…大さじ1
ナンプラー…大さじ1/2
砂糖…小さじ1
しょうがのすりおろし…小さじ1

1　ジャスミン米を炊く。
2　蒸し鶏は、食べやすい大きさの角切りにする。
3　野菜は食べやすい大きさに切る。
4　ボウルにソースの材料を合わせ、よくまぜる。
5　器にジャスミンライスを盛り、2、3、4、刻みナッツ、くし形切りにしたライムを添える。

こなれポイント

香りと食感がいいジャスミンライスを使い、本格派エスニック料理に。

memo　ジャスミンライスは、米と水を1：1.1の割合で炊くと、ちょうどいいかたさになる。

69

豆乳ちゃんぽん

だしパックの中身とナンプラーをかけ合わせ、魚介のうまみを前面に。
野菜もたくさんとれるので、遅い時間に食べても罪悪感が少なめです。
豆が原料のグルテンフリー麺を使えば、とってもヘルシー。

材料（2人分）

- ゼンブヌードル 丸麺…2束
  ※市販のストレート中華麺でも可
- 玉ねぎ…1/4個
- にんじん…1/4本
- キャベツ…50g
- ピーマン…1個
- 豚肩薄切り肉…4枚
- 米油…適量
- にんにく…1かけ
- 塩…小さじ1
- 水…200㎖
- 和風だしパックの中身…大さじ1
- 豆乳…400㎖
- ナンプラー…大さじ1
- あらびき黒こしょう、一味とうがらし…各適宜
- ごま油…適宜

a　和風だしのパックは袋を破り、中身をスープに入れる。

こなれポイント

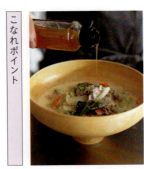

仕上げにごま油を足すと、香ばしさとコクが加わり、おいしさが増す。

1. にんにくは薄くスライスし、野菜、豚肉は、食べやすい大きさに切る。
2. 鍋に米油、にんにくを入れて中火にかけ、しっかり色づいたら、玉ねぎ、にんじん、豚肉、塩を加えて火が通るまで炒める。
3. 水、だしパックの中身（a）、豆乳、キャベツ、ピーマン、ナンプラーを加え、2分ほど煮込み、味が足りなければ塩でととのえる。
4. 麺を袋の表示どおりにゆでて器に盛り、3をかけ、好みでこしょう、一味とうがらし、ごま油をかける。

※ゼンブヌードルを使用する場合は、ゆでたあとにお湯でいったん洗うと、豆の香りが抜けて食べやすくなる。

memo　濃厚な味が好みなら、牛乳やみそを加えてアレンジするのもおすすめ。

きのこのルーロー飯

お肉とまいたけのおいしさを吸った甘いたれが、ごはんによく合う!
きのこをたっぷり使っているので、
ボリュームのわりに軽やかに食べられます。

材料(2人分)
- 豚バラブロック肉…300g
- 玉ねぎのみじん切り…1/2個分
- まいたけ…1株
- 塩…小さじ1/3
- A
  - 五香粉…小さじ1/2
  - ※Dish(es)SATURDAYを使用
  - にんにくのすりおろし…小さじ1
  - しょうがのすりおろし…小さじ1
  - 砂糖…大さじ1
  - 酒…大さじ3
  - しょうゆ…大さじ1
  - オイスターソース…大さじ1
  - 水…大さじ3
- 半熟ゆで卵…1個
- ごはん…茶碗2杯分
- パクチー…適量

1. 豚肉は1cm角程度の大きさに切る。鍋に玉ねぎ、豚肉、塩を入れてしんなりとするまで炒め、ほぐしたまいたけ、Aを加えて30分ほど煮る(a)。
2. 器にごはん、1を盛り、半分に切ったゆで卵、パクチーを添える。

a 汁けがある程度なくなるまで煮詰め、しっかりと味をしみ込ませる。

こなれポイント

半熟卵とパクチーを添えて彩りをアップ!

memo　ルーロー飯の具は小分け冷凍しておくと、お弁当や小腹がすいたときにも便利。

トマトと青じその麹カペッリーニ

旨みのある塩麹をベースとした、手軽な冷製パスタ。
お酢と青じその風味がさわやかで、さっぱりと食べられます。
食欲がなくなりがちな暑い日も、思わず手が伸びるはず。

材料（2人分）
カペッリーニ…160g
※そうめんでも可
フルーツトマト…2個
青じそ…10枚
A｜塩麹…大さじ3
　｜塩…ふたつまみ
　｜砂糖…小さじ1/2
　｜酢…小さじ1
　｜オリーブオイル…大さじ2

1　トマトは1cm角、青じそは1cm四方に切ってボウルに入れ、Aを加えてよくまぜ、冷蔵室で15分ほど冷やす。
2　カペッリーニは袋の表示どおりにゆで、氷水で締めてから、しっかりと水けをきる（a）。
3　1に2を加えてよくまぜ合わせ、器に盛る。

a　パスタを冷やしたあと、手でギュッとしぼるようにして水けをきる。

こなれポイント

パスタはトングなどを使い高さを出して盛りつける。

memo　白砂糖が苦手な方は、かわりにはちみつやアガベシロップを使っても。

ツナとねぎのシンプルチャーハン

買いおきしておいたツナ缶とねぎだけで作れるから、
小腹がすいたときに重宝するメニュー。
香りづけにナンプラーとナッツを加えるのがポイントです。

材料（2人分）	
ジャスミンライスまたはごはん…300g	ナンプラー…小さじ1
ツナ…50g	あらびき黒こしょう…適量
青ねぎの小口切り…適量	刻みナッツ…適量
塩…ひとつまみ	米油…大さじ1

1 フライパンに油を熱し、缶汁をきったツナ、ライスを入れて炒め、塩を加えてさらに炒める。
2 油がなじんでパラパラになったら、ナンプラー、青ねぎ、こしょうを加えて、軽くまぜる。
3 器に盛ってナッツを振る。

食感と香り足しに刻みナッツをプラス。
ナッツはアーモンドがおすすめ。

鶏南蛮そば

鶏肉はかたくり粉をまぶすことでつるんとやわらかい食感に。
麺と汁を別々に作っておけるので、のびにくく、年越しそばにも最適。
だしが余ったら、玉ねぎととき卵を足して親子丼にしても。

材料（2人分）
- 日本そば…2束
- 鶏もも肉…1/2枚
- 塩…ふたつまみ
- かたくり粉…小さじ1/2
- ごま油…適量
- ねぎ（白い部分）…1本分
- A 日本酒（または料理酒）…大さじ3
    砂糖…大さじ1
    しょうゆ…大さじ3
    塩…小さじ1/2強
- だし…400ml
- 七味とうがらし…適量
- ごま油…適量

1 鶏肉は2cm角に切り、塩をよくなじませたら、かたくり粉をまぶす。
2 鍋に油を熱し、斜め切りにしたねぎを焼き、とり出す。
3 同じ鍋に酒を入れて軽く煮切り、A、1を入れて煮立ったら、弱火にして5分ほど煮る。
4 そばは袋の表示どおりにゆで、流水で締めて水けをきる。
5 3を器に入れて2を加え、冷たいそばをつけて食べる。

こなれポイント

ねぎは焼き色がつくまで焼くと、つけ汁が香ばしくなり、見栄えもよくなる。

Part 5
特別な日のもてなしごはん

ここでは気分を変えて、
"大切な人をもてなす"ということを
意識したメニューをご紹介。目にしたとき、
そして口にしたときと二度感動してもらえるよう、
色合い、盛りつけ、味つけに工夫を凝らしています。

ねぎとろのリエット

ほったらかしローストビーフ

カリフラワーの
スパイスグリル

たことトレビスの
白いマリネ

● 友達とワイン会

友達が来たら、なるべくキッチンに
立たずにテーブルを囲みたい。
だから前日の夜や当日朝にある程度作っておけて、
さっと仕上げられるレシピを考えました。
ちょこちょことつまめて、
会話が弾む料理ばかりです。

ねぎとろのリエット

ほどよい酸味と辛みが
心地よいディップ。

| 材料（2〜3人分） | A | まぐろのねぎとろ…150g
粒マスタード…小さじ2
紫玉ねぎのみじん切り
　…1/8個分
しょうゆ…小さじ1
バルサミコ酢…小さじ1 | あらびき黒こしょう
　…適量
塩…適宜
バゲットスライス…適量
にんにく…1かけ
オリーブオイル…適量
ローズマリー…適宜 |

〈下準備〉
1 ボウルにAを入れ、よくまぜ合わせる。味をみて足りなければ、塩でととのえる。

〈仕上げ〉
2 バゲットにオリーブオイルを塗り、オーブントースターまたはオーブンで焼き色がつくまで焼く。表面に半分に切ったにんにくの断面をこすりつけて香りを移し、1、好みでローズマリーを添える。

こなれポイント
紫玉ねぎやバルサミコ酢を加えることで、食感と味のアクセントに。

ほったらかしローストビーフ

焼いて湯煎するだけ！
サラダ仕立てにして
食べやすく。

| 材料（2〜3人分） | 牛もも肉（ローストビーフ用）
　…約300g
塩…肉の2％弱（約5g）
砂糖…2〜3g（塩の約半量） | ルッコラ…適量
パルミジャーノ・
　レッジャーノ…適量
あらびき黒こしょう…適量
オリーブオイル…適量 |

〈下準備〉
1 牛肉に塩と砂糖をすり込み、半日ほど冷蔵室に入れてなじませる。
2 フライパンを強火で熱し、1を表面に焼き色がつくまで焼く。
3 耐熱のポリ袋（ここではアイラップを使用）に入れ、空気をしっかり抜いて口をしばる。大きめの鍋に湯を沸かして火を止め、牛肉が入った袋を沈め、20分おく。

〈仕上げ〉
4 とり出してあら熱をとり、肉をスライスし、食べやすい大きさにちぎったルッコラとあえて器に盛る。仕上げにオリーブオイルをかけ、パルミジャーノ・レッジャーノを散らし、こしょうを振る。

こなれポイント
パルミジャーノ・レッジャーノはスライサーで大きめに削って存在感アップ。

カリフラワーのスパイスグリル

材料（2〜3人分）
- カリフラワー…1個
- 塩…適量
- オリーブオイル…大さじ2
- イタリアンハーブミックス…ふたつまみ
  ※Dish(es) TUESDAYを使用
- 刻みナッツ…適量
- タイム…適宜

〈下準備〉
1. カリフラワーは小房に切り分けて1〜2分塩ゆでし、耐熱のミニフライパンなどに並べる。

〈仕上げ〉
2. 塩ふたつまみを振り、オリーブオイルを回しかけ、200℃のオーブンで20分ほど焼く。
3. ハーブを振り、刻みナッツを散らしてさらに3分ほど焼く。好みでタイムを添える。

こなれポイント
ミニフライパンで焼いたままテーブルへ。時短のうえ、見た目もおしゃれに！

ホクホクとした食感を存分に楽しめるシンプル料理。

たことトレビスの白いマリネ

材料（2〜3人分）
- ゆでだこ…200g
- トレビス…3枚
- 紫玉ねぎのみじん切り…1/8個分
- ナンプラーヨーグルトソース…適量
  ※作り方はp.54参照
- ディル…2本
- にんにくのすりおろし…1/2かけ分

〈下準備〉
1. たことトレビスは食べやすい大きさに切る。ディルは刻む。ボウルにナンプラーヨーグルトソース、ディル、にんにくを合わせてよくまぜる。
2. たこ、トレビス、紫玉ねぎを加えてあえる。

〈仕上げ〉
3. 器に盛りつける。

こなれポイント
食材の色を紫系でそろえ、白を足した洗練配色。

万能ソースを活用した、おしゃれな箸休めつまみ。

● 野菜たっぷり行楽弁当

お弁当おかずの鉄則は、ズバリ「冷めてもおいしい」こと。
時間がたってもかたくならず、味や色も変わらない
食材選びと調理のコツが、仕上がりの決め手に！

まあるい
だし巻き

とろける
なすの肉巻き

にんじんの
ひらひら
きんぴら

れんこんと
青じその
塩つくね

れんこんと青じその塩つくね

材料(2人分)
A 鶏胸ひき肉…250g
　れんこんのすりおろし…100g(水けをきって)
　しょうがのすりおろし…小さじ1
　青じそのみじん切り…10枚分
　白みそ…大さじ1(約20g)
　塩…小さじ1/3
　ごま油…小さじ1
米油…少々

1 ボウルにAを入れ、よく練りまぜる。
2 好みの大きさに丸め、平たくととのえる。油を引いたフライパンで両面をこんがりと焼く。

こなれポイント
すりおろしたれんこんを入れることで、冷めてももっちりやわらかい食感。

肉だねにしっかりと味つけをした、お弁当に向く一品。

にんじんのひらひらきんぴら

材料(2人分)
にんじん…150g
かつお節…1/2袋(約1.5g)
塩…小さじ1/3
あらびき黒こしょう…適量
しょうゆ…小さじ1/2
ごま油…小さじ2

こなれポイント
ごぼうは入れずにんじんだけで。仕上げにかつお節の風味をプラス。

1 にんじんは薄いいちょう切りにする。
2 鍋に油を熱し、1と塩を入れて炒める。
3 しんなりとしてきたら、こしょうを振り、しょうゆを鍋肌にたらして2〜3分炒め、火を止めてからかつお節をまぶす。

お弁当のすき間うめに重宝。子どもにも好評です。

お弁当を美しく詰めるコツ

ごはんを斜めに詰め、斜面におかずを重ねるように詰めていくと、すき間なく美しく仕上がります。

まあるいだし巻き

| 材料(2人分) | 卵…1個
薄口しょうゆ…小さじ1/4
かたくり粉…少々
だし…20㎖
米油…適量 |

1 ボウルに卵を割り入れ、箸で卵白を切るようにしっかりとまぜてから、しょうゆ、かたくり粉、だしを加えてまぜる。
2 卵焼き器に油を熱し、卵液の1/3量を流し入れて全体に広げる。半熟状になったら手前から奥へ卵を巻く。手前に戻し、2回くり返す。
3 熱いうちに巻きすにとり、丸くなるよう成形する(a)。
4 あら熱がとれたら、2cm厚さに切る。

a

こなれポイント
巻きすで丸くすることで見た目が愛らしく。

かたくり粉を加えることで水けが出にくく。

とろけるなすの肉巻き

| 材料(2人分) | なす…1個
豚肩ロース薄切り肉…8枚
A ぽん酢
　…大さじ1と1/2
　水…大さじ1/2 | しょうがのすりおろし
　…小さじ1
塩…適量
かたくり粉…適量
米油…適量 |

1 なすはへたを切り落とし、ピーラーで数カ所縦に皮をむく。長さを半分に切ってから四等分のくし形切りにし、さっと水にくぐらせてから、電子レンジ(600W)で3分加熱する。
2 あら熱がとれたら、豚肉で巻き(a)、軽く塩を振ってかたくり粉を薄くまぶす。
3 フライパンに油を熱して2を入れ、全体に焼き色がつくまで焼いたら、Aを加えてからめながら煮詰める。
4 とり出して食べやすい大きさに切る。

a

こなれポイント
かたくり粉をまぶすことで肉がやわらかくなり、とろみもつけられる。

脂身の少ない豚肩ロース肉を使えば冷めてもおいしく食べられます。

◉ モダンおせち

重箱に詰めず、1人分ずつ陶板に盛り合わせると
食べやすく、ぐっとモダンに！ おせちとしてだけでなく、
ふだんの晩酌にも楽しんでいただけるメニューです。

作ってすぐに食べられる簡単昆布じめ。ひらめなど、ほかの白身魚を使っても。

鯛のおぼろ昆布巻き

材料（2～3人分）
鯛（刺し身用）…1/4尾
おぼろ昆布…10g
三つ葉…1/2袋
塩…ふたつまみ

1 鯛は薄いそぎ切りにする。三つ葉はさっとゆでる。
2 巻きすまたはラップにおぼろ昆布を敷き、鯛を重ねながら並べ（a）、塩を振る。
3 三つ葉をのせてきっちりと巻き、ラップで包んで30分ほど冷蔵室で休ませたら、2cm厚さに切り分ける。

a

こなれポイント

中央に三つ葉を入れることで、歯ざわりと彩りをアップ。

焼いた生麩のもっちり食感と柚子みそがよく合います。

生麩の田楽

材料（10個分）
生麩…約100g
柚子みそ…大さじ2
米油…適量
木の芽…10枚

1 生麩は1cm厚さに切り、油を引いたフライパンで両面がきつね色になるまで焼く。
2 とり出してあら熱がとれたら、表面に柚子みそを塗り、木の芽をのせ、松葉串などに刺す（a）。

a

こなれポイント

松葉串を使うと、お正月のお祝い感が漂う。

紫さつまきんとん

材料（10個分）
- 紫さつまいも…150g
- クリームチーズ
　…1cm角×10個
- バター…10g
- はちみつ…大さじ1
- シナモンパウダー…適量
- しょうゆ…少々
- 豆乳…大さじ1

1. さつまいもは皮をむいて、ざく切りにし、さっと洗う。やわらかくなるまで4～5分ゆでる。
2. 湯を捨て、さつまいもを鍋に戻し、バターを合わせてフォークなどでなめらかになるまでつぶす。
3. はちみつ、シナモン、しょうゆ、豆乳を加えてしっかりとまぜる。
4. あら熱がとれたら10等分し、手のひらに広げたラップにのせ、クリームチーズを入れて茶巾状に成形する（a）。冷蔵室で30分ほど冷やす。

※普通のさつまいもで作る場合は、ターメリックパウダーを加えて黄金色に仕上げる。

a

こなれポイント
発色のいい紫いもで従来の黄色いきんとんのイメージを一新。

シナモンやバター、クリームチーズを使った洋風きんとん。

紅色なます

材料（2～3人分）
- 紫大根…150g
　※紅芯大根や赤かぶでも可
- 塩…小さじ1/2
- 砂糖…大さじ1
- 酢…大さじ2
- 柚子の皮のせん切り…適量

1. 大根は薄切りにし、さっと洗ったら、塩、砂糖をまぶし、酢を加えてあえる。
2. しんなりとしたら、柚子の皮を合わせてよくまぜ、冷蔵室に1時間ほどおく。

こなれポイント
紫大根のみを使うことで、洗練された紅一色のなますに。

鮮やかな色がおせち全体をパッと明るく！

SNSに寄せられた質問からお答え！
千尋さんに聞きたい料理のこと、道具のこと

Q1 愛用している調味料は？

「ごく基本的な、シンプルなものを使っています。特別なものを買い足さなくても作れる身近な料理が理想。仕上げに使うことも多いごま油は、ちょっといいものを選んでいます」

塩、こしょうに加え基本の調味料はこの8つ。(右から) 塔牌の紹興酒、福光屋のオーガニック純米料理酒、バランスのナンプラー ゴールド、角谷文治郎商店の三州三河みりん、丸大豆しょうゆ、純米酢、SOLSOL SEOULのごま油、旭ポンズ

Q2 鉄のフライパンのお手入れ法が知りたいです

「テフロン加工されたものに比べ、鉄製フライパンは手入れが面倒というイメージが強いようですが、意外と簡単。使用後すぐにお湯で流しながら亀の子たわしで磨き（1）、強火で一気に火を飛ばせばさびずに保てます（2）。早く育てたいなら仕上げに油を塗って」

千尋さんプロデュースのDISH/PAN.（26㎝）¥7500、(20㎝) ¥6500、(16㎝) ¥5500、ハンドル¥3300／すべてDish(es) ※参考価格

Q3 食欲がないときにおすすめの一品は？

「のどを通りやすいよう、あっさりとした汁物に頼ります。よく作るのは、鍋に水とだしパックを入れ、冷蔵室の残り野菜や昆布のせん切りに塩を加えてさっと煮るだけの和風スープ。おだしだけのやさしい味つけは胃腸の負担にならず、体が中から温まります」

Q4 夜遅くからの夕飯。罪悪感なく食べられる料理は？

「深夜ごはんの鉄板メニューは一人鍋。白菜、豚肉、豆腐、きのこなどあるものを入れて煮立てるだけのお手軽メニューです。シンプルなつけだれに飽きたら、ぽん酢にごま油や白ごまペースト、豆板醤や七味とうがらしなどを加えて食べるのもおすすめ」

※価格はすべて税込みです。

Instagramに寄せられた質問の中から、料理のギモン、
知っておくと便利な小ワザ、愛用アイテムについてお答えします。

Q5 エプロンがいつも素敵！何かこだわりはありますか？

「こちらも自分でプロデュースしたアイテム。着丈107cmと長めながらスリット入りで足さばきよく、ひもを前で結んだり、後ろでクロスしたり、胸当てを折り込んでギャルソン風にしたりとさまざまな着方が可能。その日の気分や服に合わせて2色を使い分けています」
Apron. (White・Grey) 各¥15000／Dish(es)

Q6 あると便利なお皿のサイズは？

「一人ごはんにも、取り皿にも便利なのが18〜21cmサイズ。どんなシーンにも万能なのは生成りやツヤ消しの白で、黒や茶も食卓が引き締まるのでおすすめです。ちなみに、人を招く日は、25〜30cmの大皿が大活躍します。お気に入りは陶芸家の二階堂明弘さんの器や、京都のTOKINOHAのもの。よく行くお店は二子玉川のKOHOROなどです」

Q7 冷蔵室に常に入っているものは？

「手作りの発酵白菜です。白菜に塩を加えて3日ほどおけばできる簡単保存食で、これを作っておくと本当に便利！ かつお節をかけるだけでごはんのお供になるし、スープに入れたり、炒めたり、鍋の具にしても。豚肉と相性がいいので、餃子のあんにも使えます」

Q8 冷凍しておくと便利なものは？

「薬味ストックを常備しています。青ねぎ、青じそ、みょうがは刻んで保存容器にふんわり入れて冷凍し、スプーンで削りながら使います。にんにくとしょうがは、チョッパーで一気に刻み、ラップで小分けにして冷凍。素麺、冷ややっこ、刺し身などに大重宝！」

Q9 料理が苦手です。どうすれば上達する？

「料理への苦手意識を減らすには、成功体験を増やすのがおすすめ。まずは一度レシピを見ながら、"そのとおりに"作ってみてください。絶対に『適当に作らない』ことが重要。きっちり分量をはかり、レシピどおりに作ると、必ずおいしく仕上がって、次につながるはず！」

Q10 料理の基本、玉ねぎのみじん切りの方法を知りたい！

「私がサロンで教えているのは、普通のみじん切りよりひと手間少ない裏ワザ的な方法。半分の玉ねぎをまず半月切りにし（1）、玉ねぎの中心に向かって放射状に包丁を入れると（2）、あっという間にあらみじんができます。ハンバーグを作るときなどにお試しを」

Q11 こなれて見える、しらがねぎってどうすれば美しく作れる？

「コツはできるだけ重たい包丁を使うこと。まずは長ねぎを5cmの長さにカットし、途中まで切り込みを入れて白い部分のみにします。包丁の重さを使ってなるべく細く切り、冷水にさらせば、パリッとハリのあるしらがねぎに。和食や中華のアクセントに活用して」

Q12 千尋さんのソウルフードは？

「仕事で忙しく、ほとんど家にいなかった母が、唯一いつも作りおきしてくれていたのがひじき煮。だから、小さい頃の写真を見返すと、私はたいていひじきごはんを食べているんです（笑）。今では大量に作って、豆腐ハンバーグなどほかの料理にアレンジすることも」

Q13 愛用の買い出しバッグは?

「食材は鮮度が命なので、肉や魚を買いに行くときは必ず大きいクーラーバッグを持参。軽量で丈夫、水平に持ち運べるマチのあるものが重宝します。Dish(es)の新作は、保冷トートと2重構造になっていて、荷物が多い日は2つに分けて使えるすぐれもの。新色はどんなお洋服にも合う真っ白にしました」
Cooler bag オープン価格／Dish(es)

Q14 今、お気に入りの食材は?

「(a) 富山の室屋さんと作った無添加の『一粒塩昆布』。サラダなどと相性抜群。(b) ライフスタイルプランナー長屋なぎささんが手がける、麹で旨みが増したおいしいしょうゆ。(c) グルテンフリーで罪悪感なく麺類を楽しめるゼンブヌードルも欠かせない愛用食材」
(a) 一粒塩昆布38g ¥626／室屋 (b) 紬醤油麹 150g ¥1,040／長屋 (c) ゼンブヌードル 丸麺、細麺(4食)、各¥792／ZENB

Q15 おもてなしにはどんなグラスを使いますか?

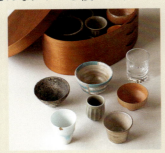

「大人数で集まるときは、同じグラスを出すと途中で誰のものかわからなくなってしまうので、個性豊かなおちょこを使うと便利。いろんな色や形のおちょこを入れたシェイカーボックスごとテーブルに出し、おのおの楽しみながら選んでもらうスタイルです」

Q16 食器はどのように収納していますか?

「日常的に使う食器はキッチン後ろの棚に大きさ別にしまい、おもてなしで使う中国茶器や季節の器は『pejite青山』でオーダーしたガラス棚の中に。10年ほど前に手に入れたこの棚は小さな引き出しがついた下段とドッキングできて、とても気に入っています」

おわりに

小学1年生の頃、幼稚園でもらった料理本を見ながら
内緒で作った家族への朝食。
当時、ぶつかってばかりだった両親が、
私のお料理がきっかけで久しぶりに笑顔になってくれました。

『食事ってみんなの気持ちをつなげるんだ』

そのうれしかった感覚が、今の私へと導いてくれています。

生きていくうえで、身体をつくるのはもちろん、
心も育てるのが"食"。

キッチンに立つのが、少し負担になることもあると思います。
でも、ただ食事をつくるのではなく「笑顔をつくる」。
そう考えたら、ちょっぴりやる気がわいてきませんか？

その笑顔が自信につながり、また作りたくなる。
料理のやりがいになっていく。
——そんな温かい循環が、
この本をきっかけに連鎖していきますように。

『あなたのその笑顔が見たくて』
これが、私がお料理を続ける理由です。

中本千尋

中本千尋　　Chihiro Nakamoto

フードデザイナー、料理研究家。大阪府出身。食いしん坊の好奇心と、家族に手料理を振る舞ったことをきっかけに、幼少の頃より料理の道を志す。フレンチレストランや短大の調理師学科の講師などを経て独立。料理講師歴18年のキャリアを活かし、"食の時間を楽しくデザインする"をコンセプトに、ケータリング、カレー店の経営、レストランのメニュー監修、セミナー、企業のレシピ開発、オンラインサロンなど、国内外で活動。Instagramの総登録者数は50万人超え（2024年9月時点）。また、自身のプロダクトブランド Dish(es) を立ち上げ、商品開発やデザインも行う。

〈 Instagram 〉

@chihiro_nakamoto　　@tsumamo.tv

〈 Dish(es) 〉

https://dishes-spice.com

中本千尋のひと皿レシピ

2024年11月30日　第1刷発行

著　者　中本千尋
発行者　大宮敏靖
発行所　株式会社主婦の友社
　　　　〒141-0021　東京都品川区上大崎3-1-1
　　　　目黒セントラルスクエア
　　　　電話　03-5280-7537
　　　　　　　（内容・不良品等のお問い合わせ）
　　　　　　　049-259-1236（販売）
印刷所　大日本印刷株式会社

©Chihiro Nakamoto 2024　Printed in Japan
ISBN 978-4-07-460032-8

◎本のご注文は、お近くの書店または主婦の友社コールセンター（電話0120-916-892）まで。
※お問い合わせ受付時間　月〜金（祝日を除く）　10:00〜16:00
◎個人のお客さまからのよくある質問のご案内
　https://shufunotomo.co.jp/faq/

R〈日本複製権センター委託出版物〉
本書を無断で複写複製（電子化を含む）することは、著作権法上の例外を除き、禁じられています。本書をコピーされる場合は、事前に公益社団法人日本複製権センター（JRRC）の許諾を受けてください。また本書を代行業者等の第三者に依頼してスキャンやデジタル化することは、たとえ個人や家庭内での利用であっても一切認められておりません。
JRRC　〈https://jrrc.or.jp　eメール：jrrc_info@jrrc.or.jp　電話：03-6809-1281〉

装丁・デザイン／葉田いづみ
撮影／佐山裕子（主婦の友社）
　　　中本千尋（p.64）
スタイリング／宇藤えみ
調理アシスタント／外山郁奈
構成／栗田瑞穂
編集協力／土屋志織
DTP／松田修尚（主婦の友社）
編集担当／渡辺あす香（主婦の友社）

撮影協力／株式会社 ZENB JAPAN
　　　　　株式会社室屋
　　　　　藤田金属株式会社
　　　　　株式会社ブラウンシュガー1ST
　　　　　長屋
　　　　　SOLSOL SEOUL
　　　　　UTUWA